d

FAHRVERGNÜGEN
MIT
LORIOT

DIOGENES

Herausgegeben von Susanne von Bülow, Peter Geyer
Buchgestaltung: Our Art Is Ltd.
Katharina Seebacher
Alle Rechte vorbehalten
Copyright © 2022
Diogenes Verlag AG Zürich
www.diogenes.ch
80/22/852/1
ISBN 978 3 257 02182 0

ENDLICH KLEINWAGENBESITZER

1

2

3

4

»Also geben Sie mir den da – und den da – und den da …«

»Selbstverständlich sind alle unsere Modelle jederzeit fahrbereit.«

»Und schreien Sie nicht immer gleich ›aua‹, wenn ich
bei der Probefahrt aufs Gaspedal trete.«

»Das passiert höchstens alle 350 Kilometer.«

»Einige Gebrauchsspuren müssen Sie bei diesem günstigen Preis natürlich in Kauf nehmen.«

A

Trotz geringer Ausmaße der preisgünstigen Kleinwagen ist eine gepflegte Unterhaltung zwischen Fahrer und Fußgänger möglich. Sie verlangt jedoch ein ausgeprägtes Gefühl für gesellschaftliche Formen. A: Falsch, die Dame muss sitzen bleiben. →

B

B: Auch falsch, die Dame muss stehen bleiben.

1

2

Fehlerhaftes Einsteigen (ABB. 1 BIS 3) wirkt leicht anstößig
und schmälert die Freude am neuen Automobil. →

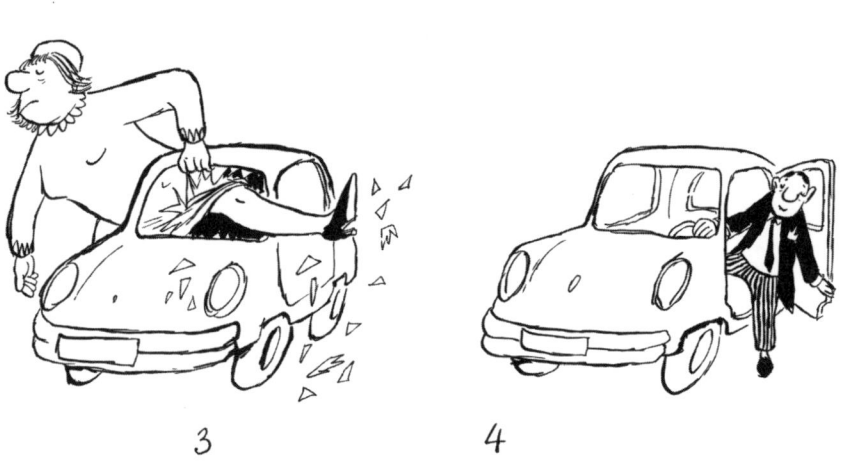

3   4

Geübte Besitzer von Mikrowagen machen sich ganz klein und setzen sich in müheloser Eleganz hinter das Steuer (ABB. 4).

Das fahrlässige Abstellen von Kleinwagen in dunklen Torwegen bildet besonders für ältere Leute eine Gefahr (A). Eventuelle Missfallenskundgebungen können für das Fahrzeug ernste Folgen haben (B).

Eigentümer besonders kleiner Kleinwagen können diese
beim Besuch von Theatern, Gaststätten und dergleichen
mit den Rädern zur Wand in die Garderobe hängen. Bei
längerem Aufenthalt Motor abstellen!

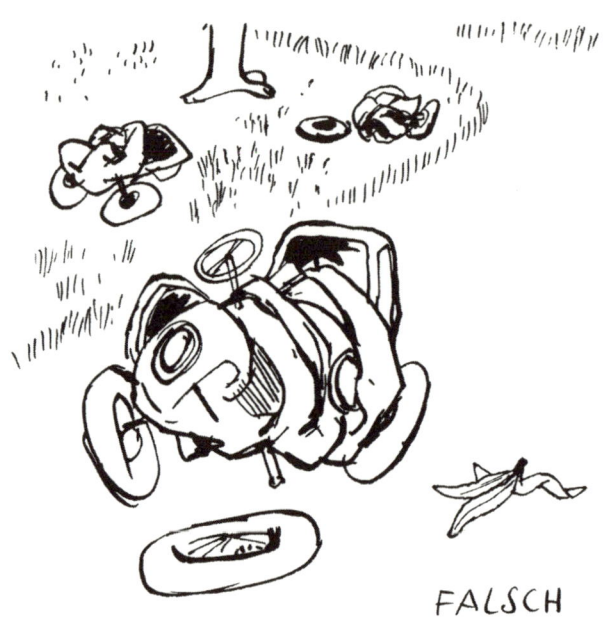

FALSCH

Das hässliche Herumliegenlassen unbrauchbarer Kleinstfahrzeuge und das achtlose Wegwerfen derselben auf der Straße oder in öffentlichen Anlagen … →

RICHTIG

… kann unter kultivierten Menschen nicht
länger geduldet werden.

Der Besitz eines Kraftfahrzeugs hat in erster Linie eine
Steigerung des Selbstbewusstseins zur Folge.

Ein anspruchsvolles Automobil hebt die Bedeutung
Ihrer Persönlichkeit.

ERFOLG IM STRASSENVERKEHR

»Wenn Herr Direktor etwas mittreten würden,
schaffen wir es vielleicht.«

»Meine Damen und Herren, hiermit weihen wir Sie in das
Entwicklungsgeheimnis unseres Welterfolgs ein ...«

AB CRAILSHEIM

Ernst-Heinrich Semmler, Vertreter in Haushaltsartikeln
(mit Sitz in Crailsheim), schildert vom Krankenbett aus:
»Am 14. November legte ich in meinem Wagen (600 ccm,
12 PS, Frontantrieb) die Strecke Crailsheim-Stuttgart … →

AN STUTTGART

… bei starkem Nebel in 58 Minuten zurück. Das ist ein Schnitt von einhundertzwo Stundenkilometern!«

AUSSEN

Nur Anfänger legen den Arm aus dem Fenster. Meister haben das Lenkrad fest in der Hand. Zur Anregung der Blutzirkulation auf langen Strecken … →

INNEN

... werden lediglich die Beine leicht angewinkelt. Das Gaspedal beschwert ein größerer Gegenstand (PFEIL).

Auch Sie können einen Kleinwagen erwerben und durch reichliches Mitnehmen von Passagieren die Straßen vom Fußgängerunwesen befreien helfen.

Auch perfekten Automobilisten entkommen gelegentlich noch einzelne Fußgänger. Ein süddeutscher Automobilclub erprobt zur Zeit ein neuartiges System, dem selbst flinke Straßenpassanten auf die Dauer nicht gewachsen sind.

Kluge Fußgänger lockern die immer mehr um sich greifende Verkehrslangeweile durch lustige Einfälle auf, sichern sich dadurch die Liebe des Kraftfahrers und erwirken schonende Behandlung.

FALSCH

RICHTIG

Durch barsches Wesen verscherzen sich Polizisten oft den zunächst guten Eindruck. Feinfühlige Kollegen erreichen dagegen schnell den angestrebten erzieherischen Erfolg.

Bei vernünftiger Einstellung zum eigenen Wagen wird in
Zukunft von allen Automobilfirmen gleichbleibende Reise-
geschwindigkeit bei sauberstem Motor garantiert.

HÖFLICH — AUCH IM VERKEHR

»Hier ist Halteverbot – Süßer!«

»Ist er nicht zauberhaft?«

Verkehrsbewusste Fußgänger beweisen jedem in Not geratenen Autofahrer durch tatkräftiges Zupacken, dass Höflichkeit kein leeres Wort für sie ist. Freundliches Begutachten schadhafter Motorteile vermittelt einsamen Automobilisten das Gefühl kameradschaftlicher Geborgenheit!

A B

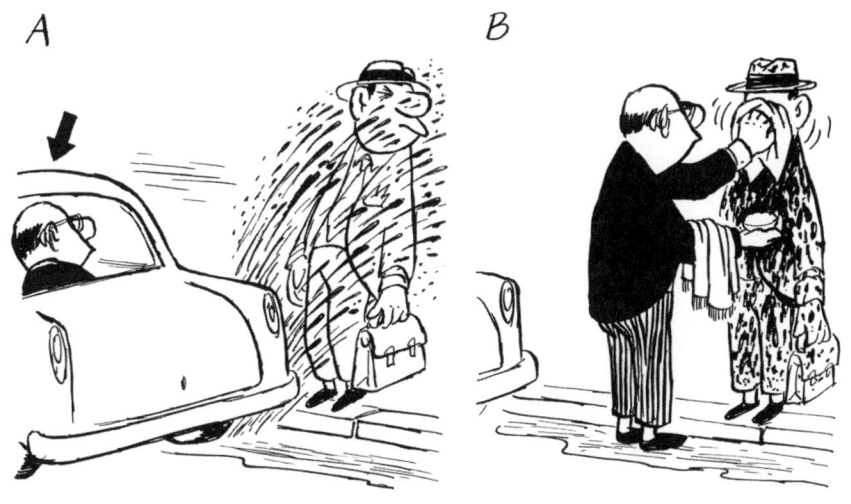

Der höfliche Fahrer (PFEIL) nimmt bei ungünstiger Witterung Rücksicht auf Straßenpassanten. In Härtefällen (A) erobert er sich durch eine kleine, liebevolle Geste mit Lappen und Seife (B) das Herz des Fußgängers. Merke: *Sei sauber, auch im Verkehr!*

Straßensperren rauben die Freude am Automobil. Höfliche Fußgänger lockern durch rasches Beseitigen derartiger Hindernisse die unnatürliche Verkehrsdichte auf und verleihen dem motorisierten Mitmenschen ein ganz neues Fahrgefühl.

Unbeherrschtes Verhalten in der Öffentlichkeit gefährdet
Ihr Herz (1). Auch durch wortloses Handeln können Sie sich
als Herr der Situation erweisen (2).

Hierzulande herrscht eine weitverbreitete Sucht
nach Belehrung des Anderen.

Nutzen Sie im Berufsverkehr zwischen 17 und 19 Uhr die
Möglichkeiten verkehrstechnischer Kontaktpflege von
Mensch zu Mensch. Motorisierte Kavaliere alter Schule
lassen auch ihre langsameren Kollegen am Rausch der
Geschwindigkeit teilnehmen.

Der Augsburger Kraftfahrer Gottfried M. (39) bewies durch sofortige Entschuldigung für eine verkehrstechnische Unachtsamkeit gegenüber einem Fußgänger Nächstenliebe und Herzenstakt.

Sekretärin Monika Pf. griff anlässlich der ersten Ausfahrt mit ihrem Bekannten und seinem neuen Wagen zu ihrer Foto-ausrüstung und schoss ein Dia, das sogar behördlicherseits Interesse fand.

Kavaliere der Straße halten unaufgefordert bei liegengebliebenen
weiblichen Automobilisten, um Motordefekte zu beseitigen, … →

... auch wenn sie in technischen Dingen nur
oberflächliche Kenntnisse besitzen.

Für formvollendete Kraftfahrer ist es ein Akt selbstverständlicher Höflichkeit, älteren Personen nach Beendigung der Fahrt galant aus dem Wagen zu helfen. Merke: *Der Kavalier benutzt dabei beide Arme.*

Übertriebene Höflichkeit ist eine der lästigsten Erscheinungen im deutschen Straßenverkehr. Damen, die sich bereits in Fahrt befinden, wollen nur auf eigenen, ausdrücklichen Wunsch über schlechte Wegstrecken getragen werden.

Ungeübte Kraftfahrer können beim Zurücksetzen in eine Parklücke schon mal einen Kratzer verursachen. Die korrekte Entschuldigung heißt jedoch nicht »Hoppla«, sondern »O-la-la« (mit Betonung auf der letzten Silbe).

BEIFAHREN IM AUTOMOBIL

•

»Mit dir kann man am Wochenende so schön
den ganzen Alltagskram vergessen …«

Auch die Dame hat sich ihren Platz im Motorsport erobert. Man weiß sie als Beifahrerin zu schätzen, wenn sie mit weiblicher Umsicht den Kraftstoff überwacht (A) und stets für ein wenig frisches Grün im Wagen sorgt (B).

Eintönige Autofahrten verkürzt man wirkungsvoll mit
lustigen Ratespielen, an denen sich der Beifahrer beteiligt.
Hier: »Ich sehe was, was du nicht siehst.«

Der Sinn für Naturschönheiten und Ähnliches ist bei Besitzern von Kraftfahrzeugen stark ausgebildet. Weisen Sie daher während der Fahrt unverzüglich auf Sehenswürdigkeiten aller Art hin. Das wirkt höflich und verkürzt die Fahrzeit.

Autofahrer sind Feinde unnützer Worte. Greifen Sie ohne Umschweife ins Steuer, wenn kleine Korrekturen an der Fahrweise erforderlich sein sollten. (Nimm Rücksicht auf schlafende Fahrer!)

MENSCH AM STEUER

»Ich kürze gern ein bisschen ab …«

»Ist mein Lippenstift da unten?«

Wenn Jürgen in sein Auto steigt, geht eine
seltsame Verwandlung mit ihm vor.

Mindestens 98 Prozent aller Männer halten sich
für ausgezeichnete und begabte Autofahrer.

Nach Meinung der Männer gibt es typische Fahrfehler,
die hauptsächlich von Frauen begangen werden.

Es liegt im Wesen der Frau, in kritischen Situationen
das Nächstliegende zu tun.

Im Verkehr sind Frauen weniger bereit, ein Risiko einzugehen.

Das Auto allein macht es nicht.

FÜR DEN FALL, DASS SIE
EINE PANNE HABEN

»Entschuldigen Sie, bitte, es eilt …«

»Ist das ein Pariser Modellschuh?«

»Ich fürchte, es ist die Scheibenwaschanlage.«

»Auch nicht mehr die alte Verarbeitung.«

»Jetzt nur noch eine Probefahrt – und am Montag
kriegen Sie ihn wieder.«

»Fünf Uhr – Schluss für heute!«

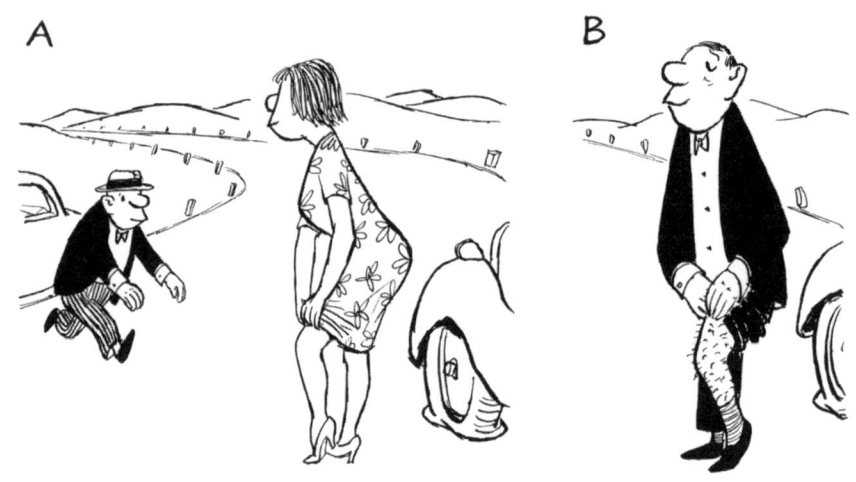

Damen bedienen sich anlässlich schwieriger Reparaturen
natürlicher Hilfsmittel (A), die bei Herren jedoch nur in
Ausnahmefällen Erfolg versprechen (B).

Neue Fahrzeuge weisen mitunter anfänglich kleine Fertigungs-
mängel auf, welche die Freude am Automobil beeinträchtigen
können. Tempo verringern und Mitfahrende durch ein Scherz-
wort beruhigen.

Alle fünfzig Kilometer ist eine gründliche Durchsicht Ihres
Wagens ratsam, wenn Sie Unannehmlichkeiten vermeiden
und zügig vorankommen wollen. Merke: *Geschwindigkeit ist
keine Hexerei.*

Eigenwilliges Verhalten hochgezüchteter Motoren ist noch nicht als Panne zu bezeichnen. Ruhig durchatmen und vorsichtig zur Landung ansetzen. Merke: *Über Ortschaften nicht schneller als fünfzig fliegen!*

POPPES AUTOMOBILTEST

Die Sensation des Genfer Automobilsalons ist der mit
Spannung erwartete ›Präsident 3000 TS‹, die neueste
Schöpfung eines namhaften deutschen Automobilwerks.
Poppe & Co. erwarben Exklusivrechte zum Test dieses
für jedermann erschwinglichen Wagens der Oberklasse.
(Preis Euro 24 600,– ab Werk, Sonderausführung mit
Blattgoldauflage Euro 86 200,–.) →

A

Die anatomische Feineinstellung der Vordersitze des ›Präsident 3000 TS‹ (PFEIL) reguliert die bandscheibenaktive Formung der Wirbelsäule. Schon beim Start bewirkte die erste Bedienung des Gerätes ein ganz neues Fahrgefühl (A). →

Nach weiteren Schaltproben erschien die Konstruktion jedoch
noch nicht voll ausgereift (B).

Der Kofferraum des Automobils bot bei guter Verstautechnik 97 Stück Koffern Platz (A). →

B

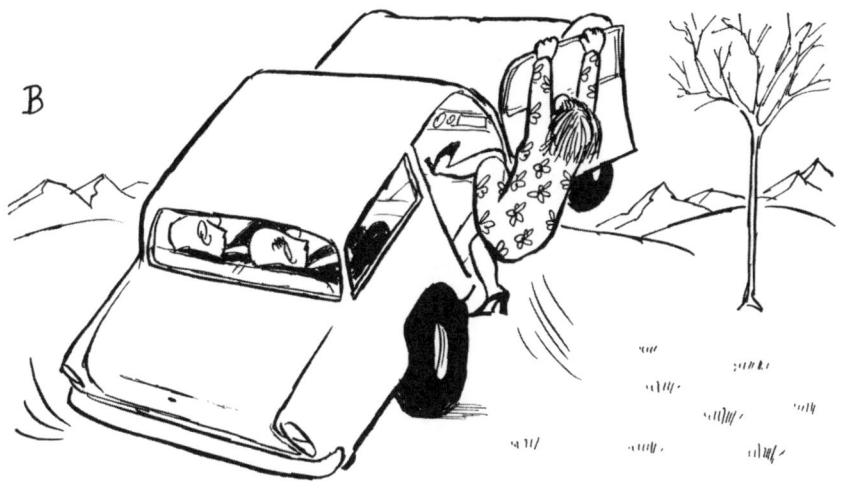

Gewisse Schwierigkeiten beim Besteigen des Fahrzeugs nach
Abschluss der Packarbeiten sollen kein Anlass zu kleinlicher
Kritik sein (B).

A

Insassen-Vollschutz in kritischen Situationen ist das eindrück-
lichste Merkmal des ›Präsident 3000 TS‹. Bei hartem Aufprall
mit Geschwindigkeiten über 30 km/h zerlegt sich das Fahrzeug
in unschädliche Teilchen von Erbsengröße (A). →

Prellungen und Schnittwunden sind ausgeschlossen.
Beseitigung der Überreste in zwei Minuten (B)!

Die Überprüfung der Fahreigenschaften des ›Präsident 3000 TS‹
ergab bisher unbekannte Spitzenwerte. Auch bei schärfster
Übersteuerung hoben sich die Hartgummireifen (pneumo-
elastisch durch Haftcreme-Auflage) keinen Zentimeter von
der Fahrbahn (PFEIL). Die neuartige Scheren-Automatik mit
Fliehkraftregler erlaubt trotz familiären Karosseriezuschnitts
sportlichste Kurventechnik.

DER PKW IN DER AKTENTASCHE

Um das drohende Chaos von Deutschlands Straßen abzuwenden, wurden namhafte Automobilfirmen mit der Konstruktion eines Klapp-Kleinstwagens im Aktentaschenformat beauftragt. Das Fahrzeug wird einige ganz vorzügliche Eigenschaften aufweisen, die im Folgenden gezeigt werden: →

A   B

Durch wenige Handgriffe wird aus der Aktentasche (A) ein
formschönes Fahrzeug mit lautstarkem 2–PS-Motor (B, C, D).
Die Innenausstattung befriedigt auch die verwöhntesten
Ansprüche exklusiver Käuferschichten. →

C
D

Das Fahrzeug ist in Vollrindleder oder echter Plastikfolie erhältlich, wasserabstoßend, atmungsaktiv und in den Farben Himmelgrau, Quarkweiß und Schamrot lieferbar.

Ein Aufprall auf harte Gegenstände löst die automatische
Zusammenklappvorrichtung aus. →

2

Beschädigungen und behördliche Unannehmlichkeiten
gehören der Vergangenheit an.

Die ungewöhnliche Aktentaschenähnlichkeit des Klappfahrzeuges kommt dem Wunsch des deutschen Autobesitzers nach schlichter Zurückhaltung entgegen. →

Andererseits empfiehlt sich eine deutliche Kennzeichnung der Aktentaschen, um Verwechslungen und damit unnötigen Verzögerungen beim morgendlichen Start vorzubeugen.

Die geringen Ausmaße des Kfz in zusammengeklapptem Zustand erlauben eine Unterbringung in öffentlichen Gepäckschließfächern. Es muss hierbei scharf auf das Abstellen des Motors geachtet werden, um Belästigungen anderer Reisender auszuschließen.

Auch für ungeübte Kraftfahrer ist das elegante Rangieren in
Parklücken sowie individuelles Platzieren des Fahrzeuges kein
Problem mehr. Zudem bietet die reizvolle Auflockerung des
Straßenbildes für das überlastete Auge des Großstadtmenschen
eine willkommene Entspannung.

1

2

3

10 000 JAHRE
TEMPO-DREIRADWAGEN

Die Geburtsstunde: »Mir hängt die Schieberei zum Halse raus«,
bemerkte unser Urvater und begann noch am gleichen Feier-
abend mit der Konstruktion eines Dreiradwagens, den er im
Hinblick auf künftigen Arbeitsrhythmus TEMPO nannte. →

Eiszeit, 10 000 Jahre vor Christus: Wegen des Einfrierens der
Motorblöcke (Frostschutzmittel noch unbekannt!) entstand als
Zwischenlösung der Drei-Kufen-Gleit-TEMPO. →

Steinzeit, 5000 vor Christus: Fund bei Kanalisationsarbeiten in Harburg. Die Prüfungskommission stellte einmütig Überreste eines Steinzeit-TEMPO fest. Ein Mammutzahn und die Gebeine des Fahrers lassen einen Zusammenstoß vermuten. Oben: das rekonstruierte Fahrzeug. →

1500 vor Christus (Ägypten): TEMPO ›Isis‹, Exportmodell für
Jagdzwecke. Einschläferung des Wildes durch nach vorn ent-
weichende Auspuffgase, dann müheloses Erlegen. Man beachte
die elegante Linienführung und die leichte Bedienungsweise. →

218 vor Christus (Karthago): Der TEMPO ›Hannibal‹, eine besonders stabile Konstruktion, ermöglichte dem bekannten Feldherrn seine sensationelle Alpenüberquerung mit 200 Kampfelefanten. Geschwindigkeit: bergauf knapp 2, bergab rund 180 Stundenkilometer. →

618-907 nach Christus (Ping-Dynastie, China): Der TEMPO
›Hurtige Pagode‹ trug sehr zur Belebung des Ost-West-Handels
bei. Einzelheiten im Originaltext, den wir einem zeitgenössischen
Prospekt entnahmen. →

Um 1200 nach Christus: Das Auftreten des TEMPO ›Götz‹ revolutionierte die Kampfweise. Starke Beeindruckung durch Rammsporn. Völlig unauffälliges Hochnehmen des überraschten Gegners. Bequemes Mitführen der Schlachtenbummler. →

1640 nach Christus: Während des Dreißigjährigen Krieges tauchte als geheime Wunderwaffe der TEMPO ›Tilly‹ auf. Schwere Artillerie auf Selbstfahrlafette. Ein Vorwärtsgang, drei Rückwärtsgänge. Auf Wunsch auch mit Schiebedach. →

1762 nach Christus: Als Luxusmodell für königliche Leibwachen diente der TEMPO ›Pompadour‹. Besonders repräsentativ, geschmackvoll, elegant und kostbar. Auspuff unauffällig in der Standarte. Voll von der Steuer abzusetzen. →

1895 nach Christus: TEMPO ›Waldeslust‹, das ideale Mehr-
familien-Ausflugsmodell. Besonders hohe Betriebssicherheit.
Pfeil auf dem Dach zeigt immer nach vorn. Krach- und dreck-
sicherer Auspuffturm. Steuerbegünstigt. →

1952 nach Christus: Start der vereinigten Weihnachtsmänner zu einer schönen Bescherung. Im TEMPO ›Hanseat‹ mit Schwingschrauber-Aggregat, einer vielbewunderten Spezialausführung für diverse himmlische Zwecke. →

1962 nach Christus: Ankunft des ersten TEMPO ›Luna‹ auf dem Mond. (Man sieht deutlich die Rundung desselben!) Die lächelnden Werkspiloten lassen sich gleich nach der Landung fotografieren. Im Hintergrund sieht man das Universum.

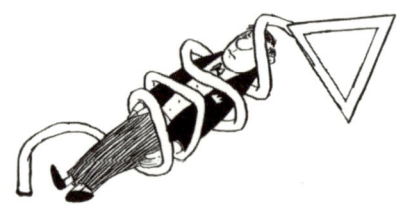

WEITERE BÄNDE IN DIESER REIHE

IM WAHLKAMPF
MIT LORIOT

WEIHNACHTEN
MIT LORIOT

EIN HUNDELEBEN
MIT LORIOT

DURCHS JAHR
MIT LORIOT

FREIZEIT
MIT LORIOT

REISEN
MIT LORIOT

DURCH DIE WOCHE
MIT LORIOT

KOCHEN & GENIESSEN
MIT LORIOT

SCHÖNER LEBEN
MIT LORIOT

WOHNEN
MIT LORIOT

KINDERFREUDEN
MIT LORIOT

ZURÜCK ZUR NATUR
MIT LORIOT